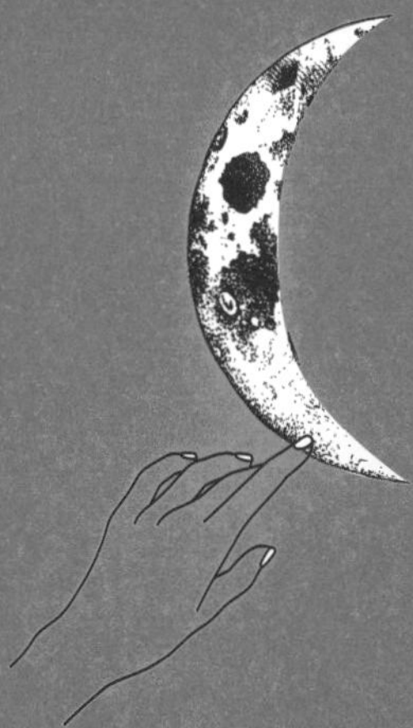

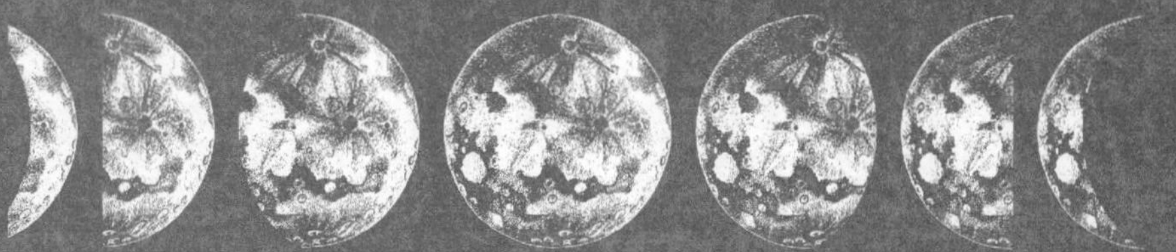

Si tú quieres, te bajas la luna

LUNA JAVIERRE

Si tú quieres, te bajas la luna

mr

Ediciones Martínez Roca, sello editorial de Editorial Planeta, S. A. Avda. Diagonal, 662-664, 08034 Barcelona
www.mrediciones.es
www.planetadelibros.com

Ilustraciones de interior: Paula Bressel
Diseño de interior: María Pitironte
Recursos de interior: Shutterstock

Primera edición: septiembre de 2022
Décima edición: junio de 2023

ISBN: 978-84-270-5029-7
Depósito legal: B. 13.099-2022
Preimpresión: Safekat, S. L.
Impresión: Huertas, S. A.

Índice

¡Hola! Muchos ya me conoceréis, pero para los que no, me presento: soy Luna Javierre, una chica normal y corriente, pero con mucho que contar. Empecé a escribir hace unos años, cuando sentía que nadie me comprendía y quería exteriorizar mis sentimientos de alguna manera, sin ser juzgada. Todo lo que quería gritar, lo escribía. Y las páginas de mi libreta me calmaron tantas noches... De hecho, en este libro encontraréis escritos de toda mi trayectoria escribiendo. Desde épocas donde el dolor y la inseguridad me consumían, hasta el momento en el que me encontré a mí misma después de tanto tiempo.

La mayoría me conoceréis de Instagram, donde suelo subir frases de motivación y crecimiento personal, pero, amigos... a mí también me ha costado mucho aprender todo esto. La vida ha sido la mejor maestra y la más dura a su vez, pero me ha hecho ser quien soy, y le estaré eternamente agradecida.

Encontraréis entre estas páginas a Luna en todas sus fases; triste, desmotivada, con el corazón roto, decepcionada, aprendiendo del error, levantándose de nuevo, cayéndose otra vez, aprendiendo a esquivar la piedra, andando con cuidado, empezando a correr, disfrutando del camino, enamorándose, dando segundas oportunidades, y dándoselas a ella también...

Apreciaréis que el libro se divide en capítulos: cada uno refleja las cuatro fases de la Luna, al igual que las fases por las que pasamos a lo largo de nuestra vida. Ojo, que podemos vivirlas varias veces... la vida es constante cambio. Lo importante es acompañarte en cada una de ellas y aprender a quererte desde dentro. Ahí será cuando no importe la fase en la que te encuentres, mientras te tengas a ti, contigo.

Quiero dejar una cosa clara: es importante aceptar que, si quieres, puedes. Pero que no pasa nada si dejas de quererlo. Es decir, que tener sueños y metas está muy bien. Pero que debemos actualizarlos. Dejar que evolucionen a la vez que nosotros. No sentirnos mal por no haber podido conseguir lo primero que nos propusimos. Aceptar las fases de la vida, y de nosotros mismos.

He de añadir que todo este camino no hubiera sido posible sin las personas que me han ayudado y apoyado desde el minuto cero. Ellos saben quiénes son. Creo fuertemente que a quien tienes que cuidar siempre, es a quien te impulsa a ser mejor cada día. Quien se alegra por tus logros como si fueran suyos. Quien te hace ver la vida como es y te acompaña en el camino dejándote muy claro que quien camina, eres tú.

Soy una persona muy autoexigente, pero a la vez me muevo mucho por impulsos. Os contaré algo: escribí y monté este libro muy poco a poco, cuidando cada detalle y dándolo todo de mí. Pero no lo leí hasta que no fui a enviarlo a la editorial. No sentí esa emoción de poder conseguir mi sueño de hace tantos años, hasta que no me vi al borde de conseguirlo. Y fue una de las muy pocas veces en las que he llorado de alegría en toda mi vida.

Por eso espero que trates esto que tienes ante ti con mucho mimo, pero que a la vez lo utilices como tu vía de escape. Si alguna vez necesitas ayuda, espero que puedas encontrarla aquí. Conmigo y contigo.

Luna nueva

Cuando la Luna no se ve y deja que sean las estrellas las que alumbren el escenario. Ella está reconstruyéndose, reinventándose, acompañándose en el duelo. Es **el inicio de un nuevo comienzo.** Puede abarcar sentimientos de decepción, con la vida, con personas cercanas o con ella misma. Puede no sentirse valorada como se merece y por ello comenzar a abrir los ojos. Puede darse cuenta de la toxicidad que la rodea y querer empezar a ponerle fin. Puede estar sintiendo esa horrible sensación de cuando el amor se acaba. Cuando ya no hay más que hacer. O sí, pero no de la misma manera que se ha hecho hasta ahora. Puede no encontrarse a pesar de estar intentándolo constantemente. Porque quizá no sabe dónde buscar. Y no lo sabrá hasta que no pare a escucharse.

Esta es la fase en la que más tienes que abrazarte. En la que debes entender que **no siempre se puede estar bien,** y que **no pasa nada.** Que la vida son ciclos y que no en todos puedes estar arriba. Hay veces que tardarás más en salir que otras, pero siempre saldrás. **Con no desistir, es suficiente.**

No mereces mi amor

Cuando pienso en tu amor
siento que no mereces el mío,
pero también me pregunto
por qué me empeño tanto
en querer que lo quieras.

Por experiencia

En ocasiones te encuentras con gente mala por el camino. Si tienes tan poca suerte como yo, incluso se disfrazarán de mejores amigos. No quiere decir que vaya a pasarte, pero por si pasa, que sientas algo de alivio con estas palabras.

No estás solo y no es culpa tuya. No has dado con esa gente porque tú seas igual que ellos. No se comportan así contigo porque te lo merezcas. No tienen el derecho a hacerte sentir mal para sentirse mejor. No permitas comentarios hirientes por miedo a quedarte solo. **No estás solo, aunque te hagan sentir que sí.** No dejes que te alejen del resto y te hagan creer que te acogen porque nadie más te quiere. Les da miedo que alguien te sepa querer mejor que ellos, y te hacen creer que nadie más lo hace.

Cuando sientas que estás dejando de ser tú. Que te apagas cada vez más y te cuesta reconocerte. Que se te ha olvidado ya lo que era estar a gusto con un grupo de personas. Cuando sientas angustia cada vez que ves a los que dicen llamarse amigos. Cuando invaliden tu opinión y sientas que es mejor no hablar, porque todo lo que aportes estará mal dicho. Cuando se te quiten las ganas de aprender, investigar, soñar. Huye de ahí. No hace falta que salgas corriendo. Si quieres, hazlo poco a poco. A tu ritmo. Pero sabiendo que ese no es tu sitio. Que ahí no se te valora como te mereces y que estás preparado para que te concedan un lugar mejor. Por supuesto, no con la misma gente.

Y cuando te vean irte. Cuando vean tu sonrisa ladeada que les grita un «me da igual» cada vez que intentan cohibirte. Cuando te vean reír con otra gente que sabe apreciar tu valor. Entonces cambiarán su actitud contigo. Pero no, eso no va a hacer que tengan el honor de tenerte en sus vidas de nuevo. Sino el dolor de verte vivir feliz, sabiendo el daño que te hicieron por ser diferente. Tanto, que no consiguieron alcanzarte.

Y ojo, puede que tarden años en darse cuenta. Pero se darán. Cuando te recuerden y piensen en quién nunca les falló. O te vean consiguiendo todo lo que un día te dijeron que te olvidaras de conseguir. Porque **no les molestaba tu presencia, simplemente, les cegaba tu luz. Y quisieron apagarla para poder vivir entre su oscuridad.**

Cuántas veces sufrí
por esperar lo mismo
que ofrecían mis manos
sin recibir ni siquiera algo parecido
a lo que se me había prometido.

He vuelto para saber por qué me fui

Hay veces que tu corazón te pide volver a un lugar (o persona), haciendo caso omiso a tu mente, que le grita que si se fue de ahí, fue por algo.

Una mañana te despiertas habiendo soñado que sucedía aquello que nunca llegó a pasar cuando pudo ser. Y entonces te entran las dudas de qué pasaría si pasara. Y se te olvida que de allí te fuiste por alguna razón. Bueno, más bien se nos olvida la propia razón.

Vas hacia allí como va un niño hacia una piruleta. Con los ojos brillantes y los brazos bien abiertos. Y el corazón a punto de estallar.

Pero lo que te estalla es la realidad en la cara. Te acuerdas de que ahí nunca te sentiste completo, y que el vacío que tienes, no se llenará con esa persona. Por mucho que lo intente. Por mucho que fuerces la realidad para pensar que todo irá a mejor.

Ese olor no te eriza la piel, esas manos no encajan con las tuyas, esa voz no te hace sentir nada al pronunciar tu nombre... esa persona no es para ti.

Tuviste que volver para saber por qué te fuiste.

A NADIE LE PEDÍ TANTO QUE VOLVIERA

como a mí

A todos nos ha pasado

Estás tranquilo
sin molestar a nadie
intentando centrarte en tu tranquilidad
hasta que ¡BUM!
Lees un mensaje
que te la arrebata de un tortazo.

No nos damos cuenta
de que las pantallas
no son corazas
que nos protegen de comentarios dañinos
que verdaderamente ponen en riesgo nuestra
salud mental.

Nadie se merece tu desprecio
por no pensar como tú
(siempre y cuando no cause daños).
Nadie se merece tener un mal día
porque a ti te haya apetecido mandarle un
mensaje de odio
con el fin de arruinárselo.
Nadie se merece ver cómo su motivación se
mengua
porque le haces sentir que lo que hace no sirve de
nada.

El odio y el desprecio son signos de debilidad,
de infelicidad,
de frustración.
Los que critican solo dejan ver sus carencias.

Por favor,
antes de soltar un comentario por la boca,
piensa en su repercusión.
Nadie sabe las batallas que cada uno vive en silencio,
ni lo que va a afectar a la salud mental de la persona que lo recibe.

Vive y deja vivir.

«Amistad», qué palabra tan complicada...

Ay, amigos... cuánto tenemos todos que contar en este capítulo, y qué triste que así sea.

Creo firmemente que todos en esta vida hemos sido tóxicos. Tanto en amistades, como en relaciones familiares, amorosas... En algún ámbito de nuestra vida, hemos tenido actitudes tóxicas. Estoy segura.

También puedo afirmar que esto es normal, y que lo importante es detectarlo a tiempo para poder solucionarlo entre las dos partes afectadas. El diálogo es la base de cualquier relación, y si la otra persona te importa, harás lo posible para poder arreglar lo que le hace daño.

El problema viene cuando no sabes detectarlo y crees que es algo normal. Ya no que sea algo normal, sino que encima, te lo mereces. Y que la que lo está haciendo mal eres tú, por eso te tratan así.

Las amistades tóxicas son las que más cuestan de detectar. Quizá por los años, porque al principio todo parecía genial y estupendo y porque os jurasteis ser mejores amigos con el collar del corazón partido con las iniciales BFF. Pero a medida que pasó el tiempo, uno creció antes que el otro, o a la vez, pero con pensamientos y personalidades distintas que no encajaban, y si seguíais forzando las piezas, el puzle se rompería.

Lo que a veces pasa es que uno es el que intenta forzar, y el otro el que se rompe. Y se deja romper, antes que la relación con su «mejor amigo».

Hay amistades que duran toda la vida, pero son muy pocas. Tenemos que entender que las personas evolucionamos, crecemos y maduramos, y que no somos los mismos cuando somos adolescentes que cuando empezamos a tener responsabilidades. No te sientas mal por alejarte de quien ya no te suma.

Hay otras que llegan muy fuerte, sientes la intensidad, deseas que duren para siempre, y de repente, se acaban. Rápido, sin avisar. Y entonces comprendes un poquito más el ciclo de la vida. Y te quedas con lo que te enseñó durante esa intensidad. Porque eso nunca se lo lleva.

Y luego están las que vienen de repente, de manera inesperada, y que poco a poco te explican el verdadero significado que tiene la palabra. Compartís gustos, opiniones, sueños. Pero sobre todo os interesa lo que os contáis. Y sentís que en cada conversación aprendéis algo nuevo. Es ahí donde te tienes que quedar.

No la busques, porque llega sola. Como todo en esta vida. Tú disfruta de todas las personas que vayas conociendo en el camino, porque cada una de ellas te estará enseñando algo. Algunas con dolor, otras con carcajadas. Pero la vida las pone ahí por alguna razón.

No te eches a la espalda responsabilidades
que no son tuyas solo porque alguien
a quien quieres no aguanta
el peso de su mochila.

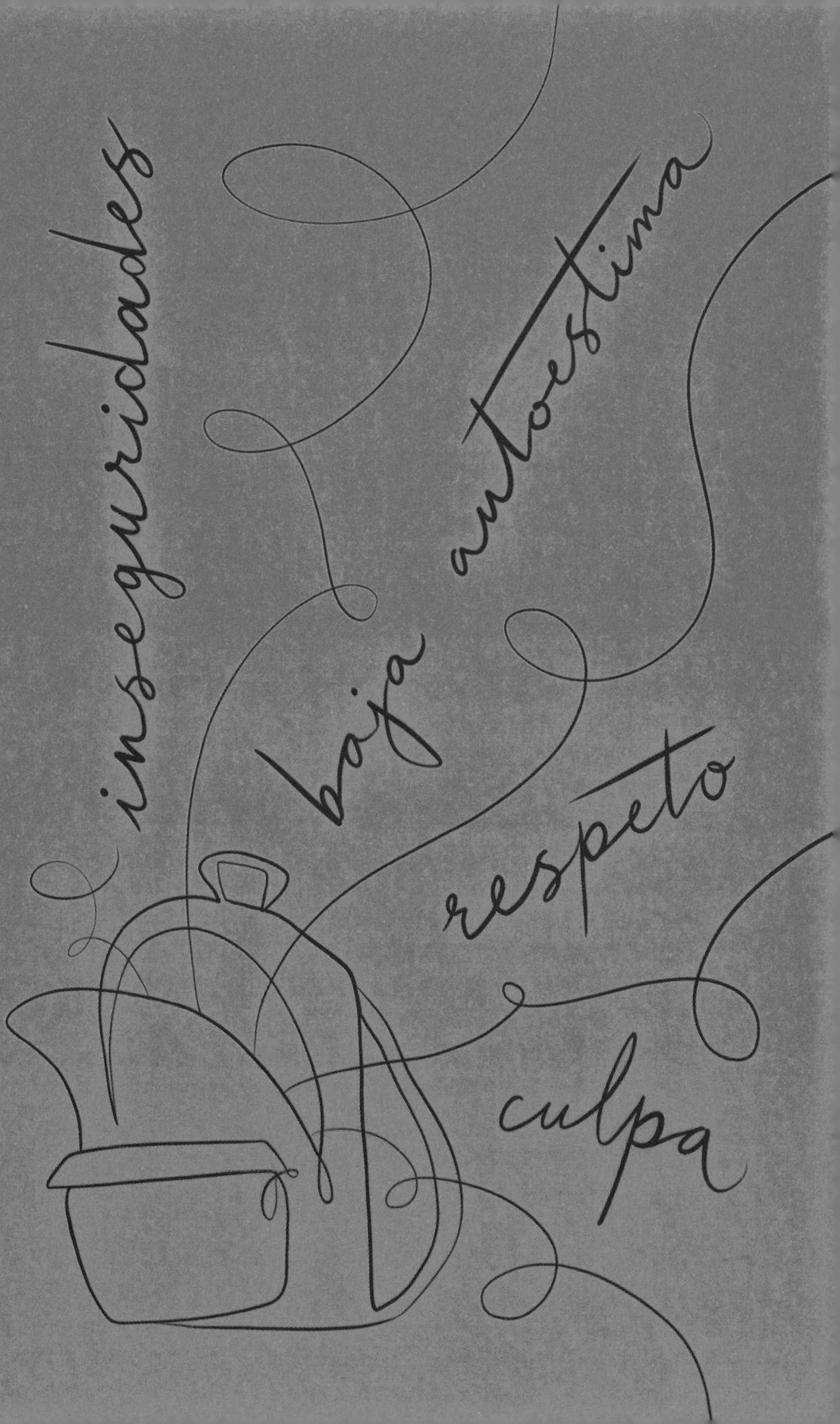
inseguridades
baja
autoestima
respeto
culpa

Cortándome con los pedazos de los demás

Llevaba tanto tiempo echándome la culpa
de cosas que no había provocado yo.
Cortándome con los pedazos
de todo lo que rompieron los demás.
Convenciéndome de que había sido yo quien lo había
tirado al suelo.
Quedándome en ese suelo
durante horas
sin saber a dónde ir por mí misma
esperando a que alguien
(que no me quería)
viniese a «salvarme».
Pensando que todo lo que me pasaba
me lo merecía
y que lo bueno que vivía
se esfumaría antes de poder disfrutarlo.
Y crecí impidiéndome a mí misma crecer
pensando que yo giraba alrededor del mundo
sujetándolo con mis manos,
hasta quedarme sin fuerzas,
incluso para escuchar lo que yo misma decía.

Reflexiones de Luna

Aferrarse a una persona

Cuando te aferras a alguien, te estás olvidando de ti.

Se suele pensar que la dependencia equivale a querer, y esto NO es así.

La dependencia emocional solo genera que la relación se vuelva tóxica, porque dejas de ser tú, tan solo por complacer a la otra persona. Cambias actitudes, tu forma de ser, tu esencia... para adaptarte a sus gustos, olvidando los tuyos. Sin darte cuenta de que a quien está eligiendo, no es a ti, sino al personaje que has creado para poder ser la protagonista de su historia.

Cuando quieres a alguien, y le quieres BIEN, sabes que puedes vivir sin esa persona, pero la eliges todos los días, porque prefieres hacerlo con ella.

Querer BIEN antes que MUCHO. Quien te quiera de verdad, querrá tu ser, en todo su ser. No tendrás que preocuparte por tratar de ser alguien que no eres. Y por fin, sentirás la plenitud.

Aférrate a ti,

escúchate.

Sé la protagonista de tu historia.

Y regala tu tiempo a quien te regale vida

(no a quien te la quite).

La decepción

Las decepciones siempre vienen por nuestras propias expectativas. Esto es algo que he aprendido con el tiempo, y que me ha costado mucho asimilar.

No crees expectativas en tu cabeza que, si fallan, perjudicarán tu salud mental.

No me malinterpretes, con esto no me refiero a que no confíes en nadie. Para nada. Simplemente, ten en cuenta que puede pasar cualquier cosa, en cualquier momento, y que NO depende de ti.

Por lo tanto... «si no depende de ti,
no te desgastes».

Perdona, y sigue el camino hacia donde sientas que eres feliz.

Quiero creer que nada es lo que parece,
mirarte a los ojos y ver transparencias...
Pero mi mente me enloquece,
solo se centra en las carencias...

Coraza de cristal

Ven,
mírame.
Parece acero, ¿eh?
Bien,
ahora acércate más.
Tócame.
Está frío, ¿no?
Ya...
Intenta mirar a través de mí.
Lo consigues, ¿verdad?
Así es...
no soy de hierro,
tengo una armadura de cristal.
Nadie lo sabe,
porque nunca dejo que nadie se acerque
más de lo que le permita verlo.
Es mi secreto mejor guardado.
Solo lo sé yo,
solo me acuerdo cuando me derrumbo.
Y me toca reconstruirme,
pedazo a pedazo.
Ya van tantas veces,
que me sé de memoria.
Y alguna pieza
se perdió por el camino.
Alguien la habrá hecho añicos ya.

Espero no perder más
la próxima vez que me rompa...
porque poco a poco
estoy empezando a dejar de tener forma.
Cada vez se abre más el hueco
que deja ver mi corazón.
Esa pieza se rompe solo con mirarla.
No la mires,
solo abrázala.
No puede romperse,
porque te juro
que no tendría ni idea de volver a reconstruirla.

Sé lo que se siente
y no quiero volver a sentirlo.

Te he vuelto a pensar

Ha sonado esa canción en modo aleatorio y no he podido evitar acordarme de ti.

Bueno, para qué mentirme, todos los días, en algún momento, me acuerdo de ti.

Pienso en qué pudo fallar. En cómo habría sido todo si hubiésemos estado en otras circunstancias. En por qué el destino quiso que no fuera. En si en algún momento querrá que sea.

Pienso en si piensas en mí.

En si todavía te acuerdas de mi cara cuando escuchas mi nombre en alguna canción. En nuestros besos que no fueron. Que se quedaron en el aire, como tus promesas.

Pienso en cuando conseguiste hacerme sentir la persona más grande del mundo. Y en lo pequeña que me sentí cuando te fuiste. O cuando lo acepté, porque ya te habías ido hacía mucho tiempo.

Pienso en si alguna vez quisiste hacer esto bien, o solo lo pensaste. O quizá nunca lo pensaste ni lo quisiste, y era yo la única que sostenía la cuerda.

Claro... por eso pesaba tanto.

Te he vuelto a pensar, y algo de mí me dice que no dejaré de hacerlo hasta que la vida no te ponga enfrente de mí y consiga que me digas mirándome a los ojos que tú no me piensas. Quizá necesito escucharlo de tu boca. O quizá me vuelva más loca...

He salido de pozos muy profundos
yo sola
preguntándome por qué me habían tirado,
hasta que me di cuenta
de que me hacían un favor.

Fui contigo, y sin mí

Te puse en un pedestal
tan alto
que cada vez que te ibas a caer
eran mis propias manos
las que te sostenían.
Y yo misma me decía
«se lo merece,
me lo merezco».

Tragué mucho más
de lo que al final pude digerir.
Me enseñaste una vida a tu manera.

Yo
me lo tomé tan a pecho,
que se me olvidó la mía.

No te culpo,
me diste lo mejor de ti.
Pero yo no supe racionarlo.

Y fui con todo.
Contigo.
Y sin mí.

¿Qué se hace
cuando tu casa
ha dejado de ser esa persona?

¿Qué se hace
cuando esa persona
que ya no es tu casa
siempre será hogar?

Nunca antes había escuchado
tan fuerte
cómo se rompía un corazón
hasta que se rompió el mío
por romper el tuyo.

¿Te vas porque me quieres?
O porque no quieres quererme.

Como si no hubiese llovido nunca

He visto cómo mis manos
sangraban sentimientos,
haciéndotelos llegar
y tú los mirabas
diciendo que ahí no había sangre,
que no había nada.
Que no entendías el porqué,
después de todo,
justo a la vez que yo te lloraba.
Te pedí compasión
y con la mano que te tendía
me volviste a tirar.
Te pedí que me calmaras con palabras
y por mucho que busqué
no encontré ninguna.

Y tras la tormenta
vienes con calma
como si no hubiese llovido nunca.
Dejas que me coma el vendaval,
que me ahogue con las palabras
que ni siquiera dejas que te diga,
y vuelves.

Y yo con cada pedazo de mi corazón
(que ya quedan pocos)
y con dolor en la poca voz que me queda
te pregunto qué quieres.
«A ti».
Y yo ya no sé ni qué contestar.

Me quieres así, rota.
Para que te deje reconstruirme
y vuelvas a romperme otra vez.
El problema
es que hace tanto que no lo hago yo,
que desconozco el sitio
donde van mis propias piezas.
Solo tú sabes hacerlo
y me asusta tanto...

Sé cómo
hacerlo mejor,
pero a veces
no es tan fácil.

Nada llena

Quisiera saber
por qué me lanzo al vacío
cada vez que quiero llenarlo
si al final acabo con las manos vacías
y el corazón aún más.

Reflexiones de Luna

Decepción con uno mismo

Esta es la peor decepción. La que sienta como un jarro de agua fría. El «te lo dije» a uno mismo.

Pero tenemos que aprender a perdonarnos... no podemos machacarnos todos los días por algo que ya no se puede cambiar. Lo hecho, hecho está. Además, soy de las que piensa que todo pasa por algo.

Lo que sí está en nuestra mano es nuestra evolución. Podemos cambiar nosotros, crecer como personas, corregir nuestros errores y sentirnos orgullosos de aquello en lo que nos estamos convirtiendo. Enfocar nuestra energía en mejorar cada día.

Pero... ¿de qué te sirve estancarte en algo que ya no tiene remedio, que ya pasó?

Pide perdón,

pídete perdón,

perdona,

y empieza a trabajar para ser la persona

que te gustaría tener al lado.

Te darás cuenta tarde

Me está empezando
a sangrar el labio
de tantas veces que me lo he mordido
por no hacernos más daño.

Y al final,
como siempre,
acabo haciéndomelo yo.

Y tú
sigues apretándome la mandíbula
hasta que reviente.
Hasta que reventemos.

Y solo ahí,
cuando los dos nos manchemos,
cuando nos miremos desde lejos,
te darás cuenta de lo que perdiste.

Y de las veces que me perdí a mí,
por no perderte a ti.

Y si te digo que lo siento,
que no quería esto,
que volvamos a empezar...

No me dejas olvidarte

Dices
que no sabes lo que quieres
pero que me quieres.

Que te da miedo
que yo no vuelva a quererte
con la misma intensidad.

No puedes,
amor,
no puedo.

No puedes no quererme contigo.
No querer que me vaya nunca.
No puedes no dejar que me cure de ti,
por si te olvido.
No puedes no dejarme olvidarte.

No puedo esperarte mientras me pierdo a mí.

Felicidad pasajera
intensa como la vida,
dolor momentáneo
pero que no se olvida...

Tu nombre en mil idiomas

Tengo un nudo en la garganta
y otro en el pecho.
Uno late y el otro ahoga.

Paradójico;
los dos gritan tu nombre.

Alguien como tú no cicatriza

No puedes irte y venir
sin avisar
sin ni siquiera entrar
y yo dejándote pasar...

Dicen que me tengo que curar
pero alguien como tú
no cicatriza.

Es imposible verte
y no mirarte para el resto de mi vida.
No puedo tocarte
y no sentirte.
Imposible escucharte
y no intentar traducirte.

Nunca podré no quererte.

¿QUÉ SE SUPONE
QUE TENGO QUE
SENTIR CUANDO NO
SIENTO NADA?

Sobreviviendo a tu caída

Cada vez que veo peligro
salto
con la esperanza de así poder sentirme viva.

Algún día me costará la vida.

Mientras tanto seguiré aprendiendo a caer.

NO DEJARÉ NUNCA MÁS
QUE ME HAGAN SENTIR
QUE NO PUEDO...

SIEMPRE PUEDO

(y si no, lo decidiré yo)

Sabía que esto pasaría

La sensación
de morir por alguien
no la he vuelto a sentir.

Ahora la veo en tus ojos
cuando me miras a mí.

Y siento que puedo matarte
si te lo confieso.

Me da mucho miedo
no volver a sentir...

La señal del cambio es querer cambiar

A veces solo esperamos una señal
para que todo cambie.
Aunque en realidad
la señal es que queramos ese cambio.

22 frases que nos rompieron el corazón

1. Quererte duele.
2. No sirves para nada.
3. Lo nuestro es imposible.
4. No deberíamos habernos conocido.
5. Siempre hablas del mismo tema y cansas.
6. El verano se va contigo.
7. Quisimos volar demasiado alto.
8. Ya no me siento invencible cuando estoy contigo.
9. Si me hubieses escuchado cuando te dije que todavía tenía solución…
10. Ya no te siento.
11. Yo quería que mis hijos tuviesen tus ojos.
12. Me encantaría poder sentir lo que sientes tú, pero no puedo…
13. No estamos en la misma sintonía.
14. Al final, sí que hubo final.
15. Siempre que hablas, dices tonterías.
16. No te avisamos porque pensamos que no podrías venir.
17. Lo siento por todo, no quise hacerlo. Pero ya no hay vuelta atrás, y lo sé.
18. Dile que te cuide como yo no supe hacerlo.
19. El «te lo dije» a uno mismo.
20. Estaba esperándote para poder irme en paz.
21. Nunca supimos hacerlo bien.
22. Siempre supe que esto acabaría así.

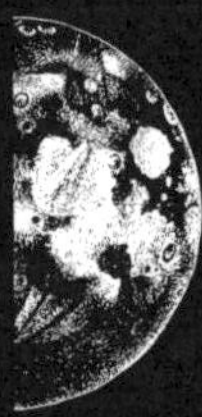

Cuarto creciente

En esta fase, la Luna empieza a centrarse en su propio crecimiento personal. Es cuando abre los ojos, y comienza el cambio. Se enfoca en aprender de las experiencias que vive, ya sean buenas o malas. Del presente o del pasado. Saca una lección de todo. Además, conoce al «amor que mejora para no perderte». O igual ya lo conocía, pero empieza a ver el cambio. Ese que deja de prometer para comenzar a hacer. El que consigue que le conceda esa segunda oportunidad que nunca pensaba que fuera a darle. Y también se da muchas oportunidades a sí misma. Porque **nunca es tarde para empezar a hacerlo mejor.** Comienza a sanar sus heridas, aprendiendo a entender el dolor y a calmarlo con sus propias manos, y dejando que otros la ayuden cuando ella no es capaz de hacerlo. Encuentra motivación hacia el objetivo, se fija metas y se siente capaz de cumplirlas. Ojo, no será fácil, pero confía en ella. Y, por último, habla del valor de las conexiones con las personas. Algo muy fuerte y bonito.

Esta es la fase donde tienes que cogerte la cara y gritarte: «¡puedes con esto!» hasta que te lo creas del todo. Donde tienes que tener paciencia y aprender a caer, en vez de enfadarte cada vez que te tropiezas. Porque te tropezarás miles de veces, pero todas te estarán enseñando algo útil. Donde debes aprender que las segundas oportunidades existen, y que tú, para ti, **tienes todas las oportunidades que necesites.** Que el amor que de verdad te quiere, mejorará para no perderte, escuchando por fin lo que tanto querías que entendiera. Y te lo demostrará con hechos. Nada de más palabras. También deberás entender que no siempre podrás con todo sola, y que tienes que dejar que las manos que te acarician te ayuden a calmarte, en vez de apartarlas por no querer pedir ayuda. **Pedir ayuda es de valientes,** y si la necesitas, es momento de pedirla. Siempre lo es.

Cosas que vas a tener que aceptar

A lo largo de nuestra vida vamos a darnos cuenta
de muchas cosas;
algunas nos las esperaremos,
y otras vendrán sin avisar...
Estas son las que más aprendizaje nos traerán.

A mí la vida me ha enseñado que
no puedo tenerlo siempre todo bajo control.

Que las personas pasan por tu vida como alguien que viene
a enseñarte algo,
y cuando terminan, se van.

Que el tiempo es el más sabio del mundo
y lo pone todo en su lugar.

Que debes luchar por tus objetivos y metas,
porque nadie más lo hará por ti.

Que el destino es muy importante,
pero más lo es disfrutar del camino.

Que no siempre podemos estar bien,
y no pasa nada.

Que a veces queremos tanto que alguien se quede,
que no nos damos cuenta de que se fue hace tiempo.

Que aunque quieras mucho a alguien,
no significa que sea el amor de tu vida.

Y que **la persona que va a estar contigo toda tu vida,**
eres tú,
por lo tanto, eres la más importante.

Encantada de conocerme

Me distancié tanto de mí
que cuando me conseguí encontrar
tuve que volver a presentarme.

Dar y no recibir

«Si das mucho, es porque eres mucho. Nadie da lo que no tiene».

Esta frase la leí hace años. No la entendí en el momento... es una de esas frases que lees porque tiene repercusión, pero no te identificas con ella. Y no lo haces porque todavía no has interiorizado su verdadero significado.

Todos damos. En algún momento de nuestra vida, todos estamos dispuestos a dar. Hasta la peor persona del mundo da en alguna ocasión. El problema no está en dar. Está en esperar siempre algo a cambio.

Vivimos en una sociedad donde se alaba la reciprocidad por encima de todo. Es algo fundamental y debe estar presente, pero su búsqueda constante, a veces puede llegar a hacernos daño. No puedes buscar siempre que alguien haga por ti lo que tú harías por él. Así nunca disfrutarás del acto tan bonito que es dar. El sentirte lleno, completo, realizado. Porque te ha salido del corazón. Y la enorme gratitud que experimentas cuando recibes lo mismo, o más, de lo que diste.

No des esperando recibir algo a cambio. Da por el mero hecho de hacer lo que te dice tu corazón, lo que crees que es mejor y lo que te haga sentirte más feliz. Nadie da lo que no tiene, así que, ¿por qué reprimir todo lo que tienes dentro?

Enseña al mundo quién y cuánto eres. Cada uno lo demuestra con sus actos. Siéntete orgulloso de ti.

lo estás

intentando

Y CON ESO BASTA

Sacar algo bueno de la herida

No está mal recordar todo eso que una vez
nos rompió en mil pedazos.

Eso que pensamos que sería lo peor
que íbamos a vivir en nuestra vida.

Eso que sentíamos que no podríamos superar...

Lo podemos usar como una medalla. Algo que nos recuerde
que sí, que claro que podíamos. Que hemos salido de eso porque
la vida no se acaba solo porque una historia lo haga.

Nuestro corazón se partirá en mil pedazos
muchas veces a lo largo de nuestra vida,
lo importante es valorar las manos que lo reconstruyen
(las nuestras).

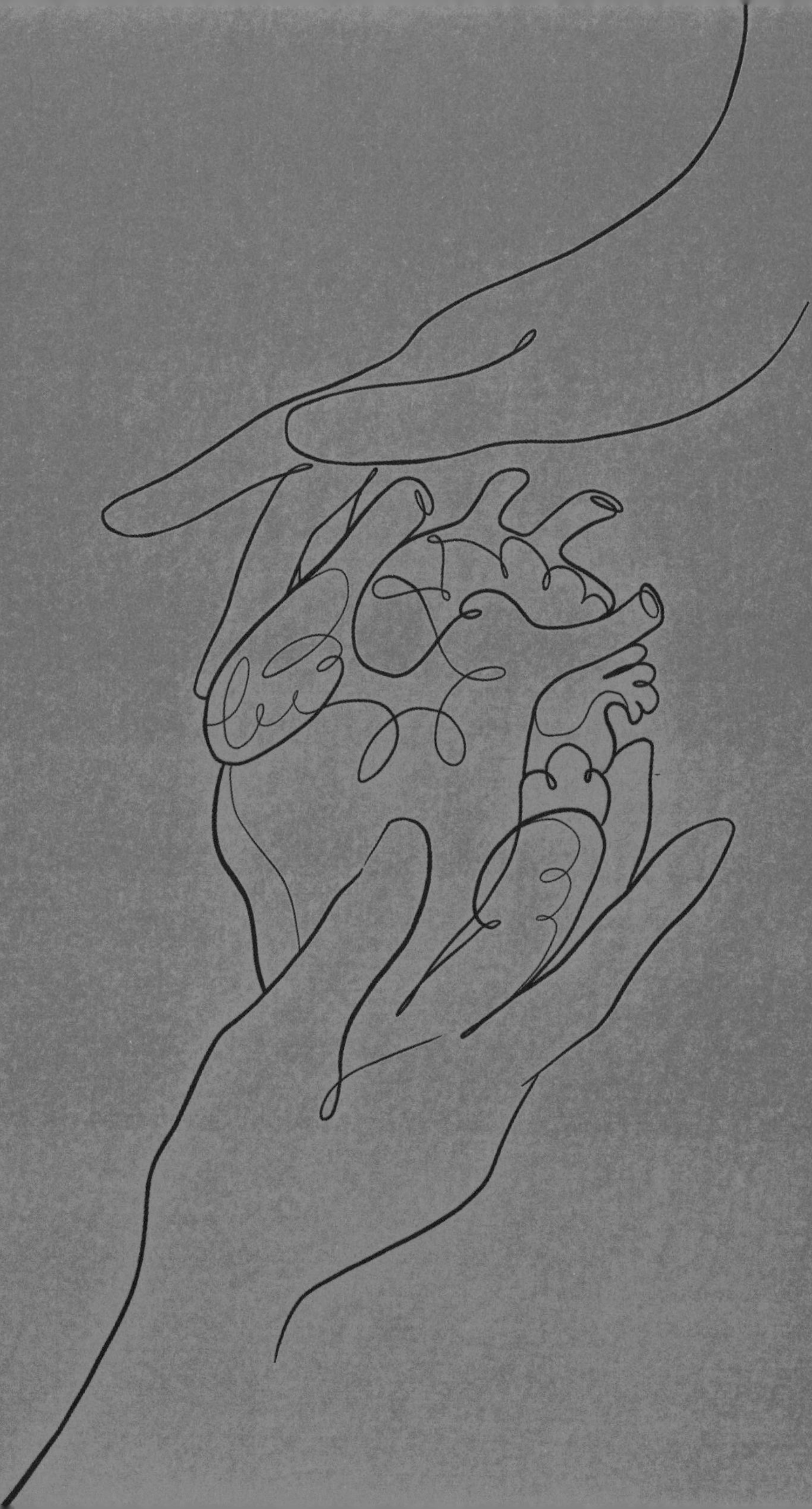

Cuando me miras a los ojos y me dices
«puedes con esto y más»
y me agarras la carita,
entonces me recuerdas por qué estoy aquí
y por qué voy a quedarme.

No siempre se está bien, y no pasa nada

Soy la primera que tiene sus días malos. Días donde me agobio por todo, hago un mundo de lo más mínimo y me ahogo en un vaso de agua. Lo que viene a ser todo lo mismo, pero hecho un cóctel y bebido de un trago.

NO PASA NADA

Date tiempo para ti. Intenta entender tus sentimientos. Escucha lo que te dice tu cuerpo, no dejes que tu mente se apodere de ti. Solo eres tú mismo, hablando solo, perdido. Intenta encontrarte y redirigirte, con amor. Disfruta de ese proceso y tómalo como un aprendizaje más. Algo que te tiene que pasar para poder seguir avanzando.

Tómate el tiempo que necesites para poder estar bien.

VOY A DECIRTE ALGO

Y TÚ VAS A SABER

A QUÉ ME REFIERO:

→ no es culpa tuya ←

Aunque creas que no, siempre avanzas

A veces tenemos que aceptar que no podemos llegar a todo. O incluso a nada. Y no pasa nada. No siempre podemos ser productivos. Habrá etapas donde nos sintamos más motivados, creativos y con ganas de hacer cosas, y habrá otras donde nos cueste el doble llegar a las obligaciones mínimas.

Y el problema está en que no nos premiamos al cumplirlas porque «es lo que hay que hacer». Pero si al día le dedicáramos unos minutos a agradecer y sentirnos orgullosos por todas las tareas que hemos realizado, cada día nos apetecería más marcarnos nuevos retos y cumplir nuevos objetivos.

Es más, os invito a que lo intentéis. Por mínima que sea, como, por ejemplo, recoger la ropa de la silla, o sacar al perro a pasear. Son tareas que hemos cumplido y nos servirá para no sufrir esa sensación de inutilidad que tenemos en esas etapas donde no encontramos la motivación. Sí que hacemos cosas y sí que somos útiles, solo que a veces necesitamos descansar para volver con más ganas.

No te preocupes por ir despacio. Cada uno lleva su ritmo y no por ello se debe llegar antes o después. Disfruta de cada etapa y aprende lo que cada una de ellas te está queriendo enseñar.

He tardado en entender
que en las etapas de tu vida
quien va contigo
se sienta a tu lado,
hasta que te apetezca que te ayude
(o no)
a levantarte.

Empezar de cero

Empezar de cero es encontrarte después de haberte perdido
durante tanto tiempo.

Es mirarte y decir:
«ahora sí, ahora es mi momento».

Es mirarle y saber que es hora de intentarlo,
porque sientes que esta vez es la definitiva.

Es levantarte y caminar después de haberte caído tantas veces,
aprender cuál es la piedra que debes esquivar.

Empezar de cero es darte otra oportunidad.

Estoy conmigo en esto por primera vez.

Reflexiones de Luna

La soledad

Una palabra tan temida y tan poco valorada a su vez...

No es lo mismo «sentirse solo» que «estar solo».

Creo que la raíz está en saber acompañarse a uno mismo;

pasar tiempo contigo,

escucharte,

saber lo que necesitas en cada momento,

agradecerte,

valorar lo que SÍ consigues,

aceptar tus sentimientos tal y como sean.

Cuando aprendes a estar contigo,
dejas de temer no estar en constante compañía y empiezas
a buscar momentos a solas,
priorizándolos por encima de cualquier cosa.

Son momentos por y para ti,
donde te dedicas el tiempo que te mereces y trabajas
en tu crecimiento personal.

Cuando estoy contigo
siento algo parecido a cuando alguien te dice:
«no te preocupes, todo saldrá bien».

Esto es por mí

Cada día me esfuerzo más en dejar de pretender
demostrar a los demás
y empezar a demostrarme a mí
todo de lo que soy capaz.

Aunque nadie lo vea.
Aunque no estén mirando.
Aunque sea en silencio.

El orgullo propio de decir:
«estoy haciendo esto por mí y voy a conseguirlo».

Mi belleza es mi interior

Y llega un día en el que te das cuenta
de que no importa qué ropa lleves,
ni cómo tengas el pelo,
lo bien que te hayas maquillado.

Llega el día en el que te miras al espejo y dices:
«Hoy lo que importa
es que me tengo.
Que estoy conmigo cada día.
Que me abrazo y me escucho en mis malas rachas
y me halago y piropeo en mis buenos momentos.

Porque yo
soy la que debo valorar mi belleza,
y toda la que importa
la llevo dentro».

No dejes que nadie te haga creer que no puedes;
eres tú quien lucha por ello,
los demás solo opinan.

Viniste tú y volví a ser yo

Hubo un tiempo en el que se invalidó mi opinión.
Gente que decía quererme
no hacía más que hacerme sentir inferior.
Todo lo que decía
se tomaba a risa,
e incluso a veces
ni se me escuchaba.

Empecé a escuchar y dejar de hablar,
dejar de opinar.
Dejar, incluso, de tener una opinión propia.
Empecé a creerme lo que quisieron hacerme creer.
No tenía motivaciones,
inquietudes,
ambiciones.
Yo estaba allí porque tenía que estar,
pero no aportaba nada.

Hasta que vino alguien que empezó a escuchar
lo que yo decía sin tener que articular
palabra.
Empezó a preguntarme por temas que sabía
que me gustaban pero que dejé de
investigar hace tiempo.
Le interesaba lo que le contaba.
Me decía que aprendía conmigo.
Me hizo ver desde la perspectiva más pura
y sincera que donde yo estaba, no era feliz.
Sin tener que decirme nada.
Simplemente apareciendo.

Y entendí que hay personas que vienen a tu vida para salvarte, sin ni siquiera saberlo.
Que solo con escuchar lo que dices te hacen ver que tienes mucho que contar.
Que le dan importancia a cosas que tú veías irrelevantes desde hace tiempo.
Que te dan las ganas de crecer cada día para poder superarte como persona.
Y esas personas son a las que tenemos que cuidar.
Las que nos salvan de las que nos hicieron dejar de cuidarnos a nosotros.

Lecciones

No es culpa tuya querer y no poder.
A veces la vida te pone la miel en los labios
para que aprendas a sobrellevar la derrota.

El aprendizaje que nos dejan

Hay veces que nos empeñamos en odiar a la gente que se fue de nuestras vidas. Eso nos hace no estar en calma con nosotros y sentir la necesidad de despreciar a alguien constantemente, ocupando gran parte de nuestros pensamientos, que podrían estar enfocados a algo mucho más productivo y sano.

Creo firmemente que las personas vienen a nuestra vida con un fin; algunas vienen de paso, a enseñarte algo puntual, otras vienen más tiempo, pero acaban yéndose, habiéndote enseñado cosas que tú desconocías, y luego están las que se quedan hasta el final, que en muchos casos son muy pocas o ninguna.

A TODAS debemos agradecerles lo que nos han enseñado, no guardarles rencor por la forma de hacerlo. Al final cada uno actúa según el reflejo de su alma. Si te hicieron daño, es porque no se encuentran bien con ellos mismos. No es tu culpa. Siéntete orgulloso de haber actuado de la mejor manera posible, reflejando así lo bonito de tu interior.

Recopila cada enseñanza como algo único que lleva cada uno en su mochila. No te quedes con su forma de irse, sino con eso que te aportaron. Te traerá la calma que necesitas para seguir conociendo a miles de personas con miles de enseñanzas que harán de tu vida una experiencia inolvidable.

Lo importante es que tú sigas siendo tú, con todas y cada una de ellas.

Siendo fiel a ti mismo, conseguirás estar orgulloso de la persona más importante: tú.

NADA VUELVE A
SER COMO ANTES,
PERO A VECES ES
MEJOR QUE ANTES.

Qué me ha enseñado la vida (de momento)

He aprendido que lo importante no es cuándo llegar,
sino confiar en que vas a hacerlo.

A reírme sin importarme
quién me estará escuchando.

A dejar de sentirme culpable por cosas
que no he provocado yo.

A querer bien antes que mucho.

Que «quien se va no regresa,
por mucho que después vuelva».

A volver a empezar las veces que hagan falta.

Que a veces las cosas salen mejor cuando tienes un poco
de miedo.

Que priorizar mi salud mental
no es actuar egoístamente.

Que la vida pasa y no te espera,
¡hay que aprender a vivirla!

Reflexiones de Luna

¿Crees que puede ser la persona, pero no el momento?

Sí, creo en esto.

Sé que hay gente que dice que pensar esto es de cobardes,
pero muchas veces
el momento no es el mejor por «x» circunstancias
y la vida te trae de vuelta a quien
de verdad tiene que estar ahí.

*no confundir con que sea el momento y no la persona,
porque en ese caso no va
a funcionar*

**Quien es para ti,
volverá, de una forma u otra.**

Siempre.

Hay veces
que tenemos que dejar que nos den
besitos en el alma
para poder estar mejor.

Coincidir

A veces coincidimos con alguien que congenia tanto con nosotros o que nos gusta tanto, que nos da miedo no estar a la altura y abandonamos.

No sabéis cuánta fuerza tiene el destino,
y lo mejor (o peor) es que te regala cosas que quizá no vuelvas a poder tener
nunca más…
Cuida la oportunidad.

Cosas de la vida

Un día te levantas
y lo ves más claro.

Entiendes que
quien quiere estar
está en las buenas
pero el primero en las malas.

Que hoy estás aquí,
mañana el destino decide por ti.

Que todo
TODO
pasa por algo, siempre.

Que si tienes alguien
que te cuide con el alma
no lo dejes ir nunca;
o al menos, inténtalo.
Eso ya no depende de ti.

Que hay estrellas fugaces
y personas fugaces;
aquellas que debes darte cuenta
de que están pasando por tu vida
y pedir un deseo rápido
(disfrutarlas al máximo).

Que no puedes cortarle las alas
a quien te enseñó a volar con ellas...

Que la incertidumbre
y el pensar demasiado
nunca traen nada bueno.

Que si quieres a alguien
y te llega muy dentro
siempre vas a evitar dañarle.

Que es mejor una verdad con espinas
que una mentira con seda,
porque a la larga la seda se pudre
y la verdad florece.

Que si quieres llorar;
¡¡llora!!
Si quieres gritar;
¡¡grita!!

Si quieres decirle a alguien
lo mucho que le quieres,
hazlo.

Que des todos los besos que tengas
a la persona que lleve su nombre.
Nunca lo dejes para el día siguiente.

Que si estás orgulloso de alguien
se lo hagas saber.

Y que aprendas
que nadie es lo que parece
pero los que sí lo son
no se encuentran dos veces...

Cada paso que das te acerca más al objetivo.
No te preocupes si vas despacio.

Me ha costado mucho
aprender a llevarme bien conmigo
pero poco a poco
me caigo mucho mejor.

La importancia de escucharte
antes que escuchar.

Antes de que sea tarde

El dilema de «si tiene que pasar, pasará»
o «si lo quieres, haz que pase».
Creo que esta decisión se toma dependiendo del
momento y circunstancia.

Sí que creo que todo pasa por algo y que el tiempo
pone todo en su lugar, pero tampoco pienso que
tengamos que estar esperando que las cosas vengan
cuando tengan que venir, porque puede
que se nos haga tarde.

Por lo tanto, si quieres algo con todas tus fuerzas,
ve a por ello, no lo dejes en manos del tiempo,
porque puede que te lo acabe dando,
pero tú ya no lo necesites.

**Tenemos que aprender a saber cuándo
es el momento.**

ME ENCANTA SOÑAR
CON TODO LO QUE ESTOY
DISPUESTA A CONSEGUIR
HASTA QUE SE CONVIERTA
EN REALIDAD.

Acostumbrarme a lo que siempre pedí

De un «no» a un «sí».
De un «no me agobies» a un «no me quieres».
De un «ya se verá» a un «lo que digas está bien».
De un «no sé lo que haré mañana»
a un «mi tiempo libre es para ti».
De un «no exageres, no es para tanto» a un «no te mereces
ni que te pise sin querer».
De un «ya hemos estado mucho juntos»
a un «no me quiero separar de ti».
De un «¿ya estás otra vez agobiada?»
a un «cuéntame que te pasa».
De un «¿has terminado ya de hablar? Me quiero ir»
a un «no me voy a ir hasta que no
me lo cuentes todo».
De un «no me apetece hablar» a un «te escucho».
De las cosas a medias, a la intensidad constante.

Te pido tiempo para confiar en el cambio.
Hace mucho que me acostumbré al que lo torcía todo.
Tengo que aprenderme de nuevo las reglas del juego...

Si hago algo por ti,
no es para que lo valores al momento,
sino para que cuando pienses en quién nunca te ha fallado,
te acuerdes de mí.

*Que nadie te diga
lo que debes sentir.*

22 cosas que vas a tener que aceptar

1. Es imposible gustarle a todo el mundo.
2. No puedes tenerlo todo bajo control.
3. No pasa nada si no puedes con todo hoy, tienes más oportunidades.
4. No siempre recibirás lo que des.
5. Hay muchas (demasiadas) cosas que no dependen de ti.
6. No siempre eres tú el inestable, a veces es la vida, sin más.
7. No puedes obligar a nadie a quedarse.
8. Cada persona siente las cosas de manera distinta.
9. Cada persona pasa por tu vida para enseñarte una lección.
10. A veces no basta con querer.
11. Pedir ayuda es de valientes.
12. No pasa nada si no pasa nada.
13. Puedes con todo, pero no con todo a la vez.
14. El tiempo será el que ponga todo en su lugar. Ten paciencia.
15. Te va a tocar despedirte muchas veces en tu vida e, incluso, sin llegar a decir adiós.
16. Habrá veces que lo harás lo mejor que puedas y, aun así, saldrá mal.
17. Con el tiempo agradeces despedidas por las que un día lloraste.
18. Las personas a las que quieres no son para siempre.
19. Tu cuerpo cambiará y eso está bien; significa que estás vivo.
20. Ninguna verdad es absoluta y nada es para siempre.
21. No siempre conseguirás alcanzar tus objetivos. Y no pasa nada.
22. Todo pasa. Absolutamente todo.

Luna llena

Por fin vemos a la Luna, como Luna. Apreciamos su belleza en su máximo esplendor. Brilla con fuerza y se nota. **Ha aprendido a curar sus heridas a base de amor propio.** Le ha costado mucho, pero por fin tiene paz mental. Ha aprendido a disfrutar de su soledad. Sabe qué decirse, cómo tratarse y qué necesita en cada momento. Sabe que es su mayor prioridad y que no necesita a nadie para ser feliz. No obstante, valora mucho a las personas que la rodean y le hacen sentir bien. Como en casa. Esas personas que son hogar, a donde se acude cuando no quieres ir a ningún sitio. O cuando simplemente se quiere celebrar algo. O ver la tele un rato mientras comes mandarinas. Esas personas vitamina que recargan de energía y hacen que una se sienta plena cada vez que las ve. Conversaciones intensas e interesantes, llenas de aprendizajes que nunca terminan. Un amor que te cuida desde el respeto y la admiración. Tener a tu pareja como mejor amigo. Eso es ganar. Además, aprende a valorar el momento presente. El ahora, el ya mismo. **«Acuérdate de vivirlo»** es su lema de vida. Y gracias a esto consigue apreciar los pequeños detalles, sensaciones e instantes. Las cosas que antes solían pasar desapercibidas, pero que en realidad son las que nos llenan la vida, y los días.

En esta fase vas a sentirte tú. Y no hay nada mejor que pueda decirte. Sentir que puedes, que eres capaz. Que, si no es a la primera, lo será a la segunda. O a la vez que sea. Lo importante es confiar, en ti y en el proceso. Y si ves que necesitas ayuda, déjate querer de vez en cuando, que nunca está de más. Valora la compañía de las personas que te recargan de energía. Aparta a los que te consumen las fuerzas. Cuida de quien te trae calma en medio del caos. Aprecia cada detalle, momento, instante. Cada cosa pequeña que la vida te regala. Acuérdate de que **el día de hoy, no volverás a vivirlo jamás.** Y por eso es tan importante.

Amor propio

El amor propio empieza en ti.

Es esa semilla que no te pide agua porque aún no es planta. Simplemente está dentro de ti, esperando a que alguien venga y la riegue de una vez. Y esa decisión solo la vas a poder tomar tú. El momento lo pautarás tú. Y la vida te acompañará. Pero no solo eso, también depende de ti cuidar todos los días esa planta que poco a poco va a ir creciendo. Hasta que llegue el día en el que abarque todo tu cuerpo y ya seáis una. Y aun así deberás seguir cuidándola, o lo que es lo mismo, cuidándote. Porque entenderás que toda tu vida has estado vacía sin saber que lo que te faltaba era eso; tú misma.

Has buscado por todos lados, por todas las pieles y por todos los lunares. Al final desistes y piensas que nadie es para ti. Y lo que no sabes es que nadie puede llegar a quererte si no te quieres tú primero.

Cuando entiendes esto, entiendes todo.

SIEMPRE QUE PIERDAS

ESTARÁS ganando ALGO

→ y viceversa ←

Personas que te traen regaderas

Nos queda claro que el amor propio empieza en ti. Pero también es importante recordar a las **personas que te traen regaderas** llenas de agua. Esas que te recuerdan que hay que regar la planta, porque la ven un poco seca.

No sé si solo me ha pasado a mí, pero en mi opinión estas personas tienen menos reconocimiento del que se merecen.

Yo estuve muchos años rodeada de gente que no hacía más que recordarme lo que no me gustaba de mí. O lo que yo creía que no me gustaba, por culpa de ellos. Me sentía inútil, alguien que no aportaba nada. Mi opinión nunca era válida y mis acciones, todavía menos. Todo se cuestionaba y todo se podía mejorar. Hasta que dejé de decir y hacer.

Dejé de ser yo.

Entonces vino esa persona. Y admiró cada palabra que yo dije en el mismo momento en que nos conocimos. Y me pidió más, y más, y más. Quería escucharme. Era la primera vez que yo me sentía escuchada. Entonces me hizo querer aprender más cosas que poder contarle.

Me hizo ver que sí, que claro que sí. Que nunca fue no, sino mala suerte (o destino, como queráis llamarlo).

También me dijo que le gustaban partes de mí que yo siempre escondía. Y partes de mí que yo ni siquiera conocía. Y esperó a poder tocarlas hasta que yo estuviese preparada. Porque no, nunca lo había estado. Aunque hubiese creído que sí. Me preguntaba lo que quería porque le interesaba de verdad.

Por eso hay personas que te ayudan a crecer. Porque te hacen ver por qué otras personas no supieron cómo. O no quisieron saberlo.

La vida te regalará todo lo que tú des
(ponle corazón).

Una madre

Mamá. Esa palabra que abarca tantas cosas.

Mamá son las primeras manos que nos ayudaron a levantarnos de nuestra primera caída. Tanto física como emocional.

Es la voz que nos calma cuando solo oímos gritos en nuestro interior.

Es la mirada que nos recuerda que, si podemos confiar en alguien, es en ella.

Es ese «estoy muy orgullosa de ti» que hace que todo esfuerzo haya merecido la pena.

Es también ese «todo estará bien» que nos creemos solo si es ella quien nos lo dice. Hasta cuando nuestra mente no para de decirnos lo contrario.

Es esa espalda que ha soportado tantos golpes para protegernos. Hasta cuando ya no podía más. Nunca ha dejado de cubrirnos la nuestra.

Es la persona que sabes que, aunque cometas mil y un fallos, nunca te dejaría de lado. Trataría de entender por qué fallas, para ayudarte a no volver a hacerlo.

Es la única persona que te va a decir siempre lo que
sea mejor para ti, aunque te vaya a doler
o no te vaya a gustar.
Y a la que menos vas a escuchar, hasta que el tiempo
te haga ver que tenía razón en todo.

Es la intuición que debes seguir. La más verídica.
Nunca falla.

Es la persona que ha aguantado todas tus malas caras,
malas contestaciones y malas rachas, y aun así sigue
viendo tu alma bonita.

Es quien te corrige en privado y te felicita en público.
Delante de todo el mundo. Porque merecen ver quién
eres a través de sus ojos.

Es a la persona a la que menos decimos «te quiero»
y a la que más deberíamos hacerlo.
O demostrarlo.

Mamá es nuestra profesora de vida.
Sin ella no seríamos quienes somos.

Gracias.

Reflexiones de Luna

El amor

El amor es la máquina que lo mueve todo.
El amor transmite paz, tranquilidad, estabilidad,
pero a la vez emociones a flor de piel
y ganas de comerte el mundo.
El amor te hace sentir invencible.
El amor es escuchar, entender, apoyar, cuidar y respetar.

Si no recibes esto y te da más dolor que felicidad,
no es amor, por mucho que quieras pensar que sí...

Disfruta de tu soledad

Con quien pasas la mayor parte del tiempo al día, es contigo...
y **tu tiempo es oro.**

Aprende a disfrutar de tu compañía, sácate partido,
haz cosas que te guste hacer,
autoedúcate en temas que te llamen la atención.

No necesitas la compañía de nadie para no sentirte solo
porque no estás solo,
estás contigo,
y eres la única persona a la que vas a tener toda la vida.

Conviértete en la persona que te gustaría tener al lado
y no querrás irte de tu lado jamás.

Espero que te rodees de gente
a la que le brillen los ojos
cuando les cuentes algo
que te hace ilusión.

Es el momento

Es momento de crecer.

Abrir los ojos
las alas
la mente.

Dejarnos llevar.

Saborear la vida.
Exprimir el tiempo.

Correr sin rumbo.
Perder el norte.
Recorrer banderas.

Reír con extraños.
Llorar con conocidos.

Amar el tic-tac.

Aprender lenguas
de todos los colores.

Contar lunares
hasta quedarnos dormidos.
Escapar antes de que amanezca.

Sentir el viento en la cara
las olas del mar en los pies
el sol en la piel.
El calor en el corazón.

No escuchar a la razón.
Al menos,
no siempre.

Decir «te quiero».
Gritar «me quiero».

Bailar, beber, cantar.
Dejarse llevar.

Confiar,
arrepentirse después.
O no.

Ser conscientes del «aquí y ahora».
Mañana será la vida.
Mañana será el destino.
Hoy somos nosotros.

Nunca volveremos a ser
tan jóvenes como en este mismo instante.

Valentía

No sabes ni dónde estás
pero sabes a quién salvarías si te despertaras
y el mundo se estuviera yendo a la mierda.

Y eso me gusta de ti.
Y por eso te quiero.

¿Qué es sentirse en casa?

Casa es ese sitio donde te apetece ir cuando
no te apetece ir a ningún sitio (o persona).

Es sentir que no necesitas nada más, porque lo tienes todo
sin haberlo pedido.

Es saber que te escuchan sin haber pronunciado ni una palabra.

Es ese abrazo en el que te quedarías a vivir.

Es esa mirada que te calma cuando sientes
que el mundo se te viene encima.

Casa son esas personas a las que tenemos que cuidar siempre.

NO LE PONGAS FRENOS
SI TE ACELERA EL CORAZÓN.

Salud y paz mental

La salud mental es por lo primero por lo que tendríamos que preocuparnos.

Sin salud mental no nos vamos a poder encontrar nunca, no vamos a saber qué nos pasa, vamos a normalizar cosas que no son normales y vamos a sentirnos insuficientes por no poder llegar a todo, cuando en realidad, el problema va por dentro.

Cada vez se le da más voz, pero es esencial visibilizar su importancia y lo necesario que es tratarnos y pedir ayuda, no solo cuando sentimos que no podemos más, sino cuando algo nos cuesta más de lo normal o no conseguimos entenderlo por nuestra cuenta.

La tranquilidad contigo mismo, el estar a gusto estés donde estés porque sabes que estás contigo y te tienes a ti, aprender a darte lo que el cuerpo te pide y no dejar que tu mente controle todo lo que haces o dejas de hacer.

Lo digo yo, que he sufrido esto en mi propia piel: no hay nada peor que dejar que tu mente decida por ti, que te impida hacer cosas que en realidad quieres hacer, sin pararte a escuchar más allá de eso, sin saber que solo es una falsa realidad.

Todo está en tu mente,
aprende a hablarte y entenderte y ganarás vida,
tiempo, experiencias...

El amor que cambia para no perderte

Me prometí no volver a entrar en esa habitación,
pero me dijiste
«confía»
y cuando volví,
habías pintado las paredes de mi color favorito,
habías echado ese perfume que me recuerda tanto a casa,
y había margaritas por todo el suelo...

«A esto me refería», te dije.
Y me quedé.

¡Dilo!

Demuestra.
Hazlo hoy.
La vida es un juego,
el destino está escrito.
Ni tú ni nadie va a saber nunca
dónde vas a estar mañana.

Por eso,
demuestra todo lo que sientas,
haz todo lo que te haga volar,
busca aquello que te erice la piel,
mira a los ojos donde consigas perderte,
y piérdete con la persona que te esté mirando.

Todo lo que necesites soltar,
suéltalo,
grítalo o susúrralo,
pero no te lo guardes dentro.
Al final se hace bola.

Dile a esa persona
todo lo que sientes cuando te toca
todo lo que sientes cuando deja de hacerlo...

Dile lo que te pasa en el pulso
cada vez que te mira a los ojos,
dile por qué nunca le aguantas la mirada...

Dile que hoy sí,
y que mañana también;
que para ti
todo el rato es siempre.

Dile si le echas de menos,
a veces es necesario saber que hacemos falta.

Dile lo que sienten tus manos
cuando la suyas las aprietan...
que no las suelte nunca,
que siempre has tenido muy mal equilibrio...

Dile que te encanta su risa
su sonrisa,
su poca prisa,
sus ganas de vivir.

De hacerlo contigo.

Díselo,
no pierdes nada
solo ganas (más ganas).

COMO CUANDO
TE DA EL SOL EN LA CARA
Y SIENTES QUE NO NECESITAS
NADA MÁS...

así te siento

Cuéntame nuestro cuento siempre antes de dormir

Hay muchísimas cosas que he aprendido de ti. Hay más de las que yo incluso pueda imaginarme. Pero una de las que más valoro es tu forma de saber valorar las cosas.

Miras la vida desde una perspectiva que ojalá pudiese saber explicar. Ni siquiera puedo sentirla. Solo conozco a una persona capaz de hacerlo, y eres tú.

Sabes sacarle el lado bueno a cada instante, incluso cuando para mí es casi imperceptible. Consigues contarme una maravillosa historia de algo que hemos vivido los dos, y que yo he disfrutado mucho, pero que tú has sentido de la forma más pura que nunca antes había visto. Me cuentas un relato con miles de detalles sobre recuerdos que tenemos juntos como si los hubiésemos vivido ayer.

Y disfrutas recordando. Y por eso me pone feliz saber que a mí me vas a recordar creciendo contigo. Y la inmensidad de detalles que podrás contar sobre nosotros. Espero que me cuentes a medida que pase el tiempo y vayamos pasándonos los niveles de la vida.

Espero aprender a jugar tan bien como tú.

Tu tiempo es oro

Llega el día en el que te acuerdas de todas esas veces que te olvidaste de ti. Recuerdas que siempre te posponías para después, para cuando ya habías suplido las necesidades del resto. Pero entonces te sentías tan cansada, que ni siquiera lo intentabas. «Ya tendré tiempo», te decías. Pero ese tiempo nunca vuelve.

El de conocerte, escucharte, mimarte. El tiempo de autoeducarte, de investigar sobre todo aquello que te apasiona. Tiempo para estar contigo, para aprender a sanar tus heridas sin la ayuda de nadie. Tiempo para bailar, cantar, o para desarrollar ese talento que ni siquiera sabes que tienes. Porque no te has dado la oportunidad de descubrirlo.

En la lista de prioridades, vas la primera. No lo olvides. No te arrepientas cuando ya hayas perdido demasiado tiempo.

Reflexiones de Luna

¿Todo llega cuando tiene que llegar y si no llega es porque no lo necesitas?

Primero: solo te necesitas a ti.

Y ya después de entender eso podríamos hablar de que sí, todo llega cuando tiene que llegar.

El tiempo pone TODO en su lugar.

Todo siempre pasa por algo, y si no lo entiendes ahora, el tiempo te lo explicará.

Si no depende de ti

no te desgastes.

Sentir la diferencia

Lo sabes cuando lo sientes,
aunque no sepas explicar la sensación.

Llega en ese momento en el que te levantas un día y dices
«no me quiero ir de aquí».

Cuando pensabas que habías experimentado todas las
emociones
y te das cuenta del verdadero significado de estas.

Cuando te sientes invencible
y te dan ganas de comerte el mundo cada día.
Porque su amor te recarga la energía
que tantos años te robaron.

Cuando te lo da todo sin pedir nada a cambio,
porque te hace ver que es lo que te mereces,
y no lo que luego debes devolver.
Como siempre te habían hecho pensar.

Cuando ves la ilusión en sus ojos por cada sueño que consigues
y te impulsa a llegar a ellos por ti mismo.
Porque tú puedes solito,
pero estará ahí por si lo necesitas.

«Y ahí es cuando tú sientes la diferencia...»

Al final te diferencia el corazón que tengas.

ME ENSEÑAS TODOS LOS DÍAS

A VALORAR LAS COSAS PEQUEÑAS.

Personas vitamina

Hay personas que te miran y ya te transmiten energía.

Es como que en sus ojos encuentras el cargador
que tanto necesitas
antes de quedarte sin batería.
Como cuando llegas a casa muerto de hambre
y tienes tu comida favorita para comer.
Como la sensación del día de antes de que te den las vacaciones.
O como cuando llevas esforzándote tanto por algo
y, al final, lo consigues.

Todo eso te lo transmiten con la mirada.
Es loco, ¿verdad? Eso no consigue hacerlo cualquiera.
Por eso tenemos que cuidar a las que tenemos en nuestra vida.
Y darnos cuenta de que esa energía
es su ilusión por vernos conseguir lo que tanto deseamos.

Y eso no podría tener otra definición
que la de la palabra «amor».

Tuya siendo mía

Me quieres mía,
libre,
sin cadenas.

Sin decírmelo,
no me atas,
siempre haces que quiera volver.

Siempre lo consigues.
Eso que nadie nunca.

Y eso es
lo que me hace ser tan tuya...

Acuérdate de vivirlo

Los colores del atardecer.
Las caricias de tu piel.
La risa de mi madre.
Los besos de mi perra.
Los mensajes de mi abuela.
Los abrazos de mi abuelo.
Las miradas con mi hermana.
Las escapadas inesperadas.
Las mejores habitaciones de hotel.
Las cenas hechas en casita.
Los buenos libros.
Las películas que te hacen pensar.
La sonrisa con un extraño.
La música en mis oídos.
Una ducha bien caliente.
Mi comida favorita...

Todas esas sensaciones que suceden
y de las que no tienes certeza
de cuánto durarán,
pero parece que das por hecho
que será toda la vida...

Y es cuando la vida te las quita.
Cuando deseas haber sabido vivirlas como se merecían.

No le des esa ventaja.
Acuérdate de vivirlo.

Nunca serás más feliz
que cuando pides un deseo
y deseas
que lo que estás viviendo
dure para siempre.

Enamorarse

Estar enamorado es sentir que puedes comerte el mundo
mientras os agarréis bien
fuerte de la mano.

Es sentirse invencible.

Sentir que tu piel se eriza con el roce de la suya,
de una manera distinta a todas las veces anteriores.

Sentir tu corazón contento
latir diferente,
vibrar bonito.

Escuchar su voz y sentirte en casa.

Querer que ya no falte en ningún plan,
que los planes no sean rutina y que cualquiera
te haga la máxima ilusión.

Es pasar juntos por sitios donde ya habías estado mil veces solo,
y sentir que estás viviéndolo todo por primera vez.

Te quiero

por la forma

en la que me miras

cuando lo consigo.

Disfruta del atardecer antes de que se esconda el sol

Yo sé que no quieres vivir esta frase:
«No sabía lo que tenía hasta que lo perdí».

En realidad,
nadie quiere...
por eso te voy a dar
el consejo que yo todavía me estoy dando cada día
hasta que aprenda a aplicarlo.

Disfruta del ahora,
del momento,
de lo que estás viviendo.

De las personas que te miran a los ojos.
Del calor de los abrazos.
De las palabras bonitas.

Disfruta de la música.
De su risa,
y de la brisa.

Disfruta del atardecer.
Del mar en calma.
De tus pies por la arena.

Disfruta de la compañía de tus padres.
De las historias de tus abuelos.
De la alegría de tu perro al verte.

Disfruta los momentos.
No esperes a no poder volver a vivirlos
para sentirlos con la máxima intensidad...
La vida te los regala cada día.
No los des por hecho.

Gracias por ayudarme a crecer

Gracias por mirarme a los ojos y calmar mis ganas de irme
corriendo,
de huir de mí y dejar atrás todo lo que he conseguido
por miedo a no poder conseguir más.
A estancarme y no saber valorar el esfuerzo.
Todo lo labrado
y lo sembrado
que aún está por florecer.

Gracias por cogerme fuerte las manos
y decirme
que puedo con esto y más.

Que no hace falta correr
sino avanzar a mi ritmo.

Gracias por hacerme ver que estaba avanzando
cuando yo solo me sentía retroceder.

Gracias por haberte sentado conmigo
a coger aire
y continuar.

Gracias por haber confiado siempre en mí
y haber conseguido
que yo confiase también.

Lo haces bonito

Es que paso por sitios muy bonitos contigo
y me parecen preciosos.
Pero es que paso por sitios contigo
por donde he pasado mil veces sola,
y me parecen alucinantes.

Dicen...

Dicen que el amor es algo que solo pasa una vez en la vida.

Algo que tienes que disfrutar al máximo porque nunca más
va a volver a ser igual
si alguna vez lo descuidas y dejas que se muera.

Dicen, también, que el amor de verdad nunca muere.
Que siempre vas a sentir ese cosquilleo cuando
crucéis la mirada.

Dicen que si encuentras a tu alma gemela,
tienes que subirte a su tren antes de que se cierren las puertas,
antes del primer pitido de aviso.

Porque no, no hay vuelta atrás.
Por muchos trenes que cojas en la misma estación,
ninguno será como el que debiste coger a tiempo.
El momento era ese, y no pudiste llegar.
O no supiste cómo.

Dicen que si consigues montarte, no debes bajarte,
por muchas tentaciones que
tengas de visitar otras paradas. Por muy bonito que te lo pongan.
Disfruta del paisaje mirando por la ventana, pero en tu sitio.
Porque si te vas, otro vendrá a sentarse.
Y ya no podrás reclamar que es tuyo, porque te fuiste.

Dicen que la vida se pasa más rápido
de lo que podamos imaginar.
Que tienes que agarrarte fuerte a la mano de quien
te ayude a crecer,
y soltársela a quien solo intenta tirarte al suelo.

Dicen que quien consiga que se te olvide el ruido de la calle
y logre que le oigas sin decir ni una sola palabra,
es quien se merece que le susurres todos los días
que quieres que se quede...

Tu compañía

Contigo me da igual
un café en casa
que una cena en el mejor restaurante.

Bailar bajo la luna de París
que con una canción sonando en tu móvil.

El regalo que esperaba con ansia
o el detalle más tonto hecho por ti.

Y por eso te quiero.

Solo tengo tiempo para lo que me llena.

Qué pensarán de nosotros cuando nos ven reír

Qué pensarán de mí
cuando me ven contigo,
qué pensarán de ti,
cuando te ven conmigo;
qué pensarán de nosotros
cuando nos ven reír.

Porque no,
aún no somos conscientes,
pero sí,
hemos encontrado eso que todos buscan.

Es bonita así,
sin que nadie se lo diga,
sin saber que la miras,
con su forma de reír...

Quiero decirte que...

A ti, que me diste tu hombro cuando más lo necesitaba,
estaré aquí siempre para recordarte que puedes con ello.

A ti, que me has enseñado que las cosas no siempre salen como querríamos,
quiero que sepas que, gracias a eso, hoy tengo paz mental.

A ti, que me salvaste sin casi saberlo...
siempre te llevaré conmigo.

A ti, que me quisiste hacer sentir culpable por cosas que te pasaban a ti contigo,
espero que algún día consigas ser feliz.

A ti, que siempre confiaste en mí,
quiero que sepas que todo esto, va por ti.

Y a mí, que nunca confié en poder ser capaz,
quiero decirme que no puedo estar más orgullosa,
y que todo esto es el comienzo de un largo camino juntas.

Tu presencia no molesta.
Tu presencia les asusta.
Grábate esto a fuego.

22 formas de explicar el amor propio

1. Saber decir que no.
2. Aprender a escucharme.
3. Perdonarme por lo que permití e hice cuando no lo tenía.
4. Saber apreciar el valor de los demás sin desvalorarme a mí.
5. Autoeducarme y aprender cada día sobre lo que me gusta.
6. Darme todas las oportunidades que necesite.
7. Irme de donde no me valoran.
8. Aceptar que no puedo con todo a la vez.
9. Felicitarme por mis éxitos.
10. Agradecer las pequeñas cosas del día a día.
11. Disfrutar de mi soledad.
12. Saber decir «no merezco esto» a tiempo.
13. Permitirme ser feliz.
14. Priorizar mi salud mental.
15. Ser fiel a mis sentimientos.
16. Aprender a aceptar también lo que nunca consigo.
17. Saber decir «no me apetece».
18. Recompensarme después de haberme esforzado mucho.
19. Aceptar que mi cuerpo cambiará a lo largo de mi vida, y que eso está bien, porque es mi casa.
20. Entender que, aunque fui feliz en un sitio, puede que mi tiempo allí terminase.
21. Desarrollar mi inteligencia emocional.
22. No dejar que mi estado de ánimo dependa de lo que los demás opinen sobre mí.

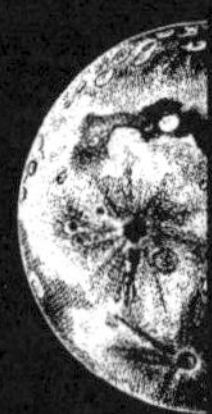

Cuarto menguante

En esta fase, la Luna centra sus energías en **soltar lo que ya no le hace bien.** Hace espacio para quien verdaderamente se lo merece, y sobre todo, para sí misma. Rompe hábitos que le resultaban dañinos, pero no se había percatado antes de ello. Le cuesta mucho decir adiós, y más a ciertas personas que marcaron su vida. Aunque las heridas se las hicieran a sangre fría. **Hay cicatrices que siempre picarán.** Hay amores imposibles que se transformarán en amores sanos, o en recuerdos. Está en **proceso de aprendizaje** de dejar ir, dejar marchar a personas, situaciones, pensamientos... pero su mayor esfuerzo se centra en dejar atrás a su Luna del pasado, a esa que nunca sabía decir «no». La que complacía a todo el mundo antes que a ella misma. A la que le hicieron creer que era una mala persona, hasta el punto en que a veces lo fue. Porque no podía más y lo pagó con quien no debía. A esa Luna se la debe dejar ir, pero antes hay que perdonarla. Aprender a hacerlo es el proceso más complicado. **Saber pedirse perdón y hacerlo de corazón.** Limpiar las heridas que aún no han cerrado por palabras que nunca han sido dichas. Es el momento. Y está con ella en esto, más que nunca. **Se abraza y se entiende.** Pero también valora a las personas que la acompañan en este proceso. Que la ayudan a sanar y que ven sus cicatrices como algo bonito y característico de ella. Como un lienzo que cuenta todas sus batallas. Y a esas las cuida.

En este capítulo vas a abrir heridas para poder limpiarlas bien y dejar que cicatricen. A veces hay palabras que no decimos por miedo a su repercusión, y son esas mismas las que más falta nos hace decir. Para liberarnos. Para dejar atrás. Para perdonar y perdonarnos. Aceptar lo que ha pasado y avanzar.

Las teclas negras

Igual has llegado en el momento en el que el pianista justo se equivoca en una tecla, y ya sientes que la función no merece la pena. Le juzgas y piensas que ha destrozado la canción. Ya ni siquiera haces mucho caso al resto de la sinfonía. Y quizá ese artista es una eminencia que lleva haciendo un concierto excelente durante horas. Pero tú llegas justo cuando toca una tecla equivocada. Y ya se te descuadra todo.

Lo mismo pasa con las personas. No podemos juzgar a alguien por lo que estamos viendo en su fachada. No sabemos lo que lleva en su mochila. Quizá le hemos conocido en el peor momento de su vida y no sabe gestionar lo que le está pasando. Y vemos una mínima parte de él, que ni siquiera le corresponde a su persona.

Quizá ya no puede más y lo último que necesita es que tú vengas a juzgarle. Un comentario o una mala cara. Qué más da. El caso es que **no le conoces por haberle conocido**. Y puede sonar a contradicción, pero es así. Las personas estamos en constante evolución, y no podemos quedarnos con la primera imagen que tenemos de alguien. Si no te ha caído bien y no quieres conocer más, perfecto, estás en todo tu derecho. Pero, por favor, no le juzgues. Pasa desapercibido. No sabes si el ruido que vas a hacer con tu opinión va a retumbarle demasiado fuerte y ya no podrá más.

Cuida tus comentarios. Todos podemos tener una opinión sobre alguien, pero no siempre es necesario hacérsela saber. No tenemos ni idea de cuánto pesa su mochila. Antes de tirarle al suelo, prueba a preguntarle si necesita ayuda. Lo más probable es que la respuesta sea un «sí».

La vida consiste en cerrar etapas
para comenzar otras nuevas.

Todas son distintas.

En todas creces.

Lo que pudo ser y nunca será

No sabes si será o no será.
Nunca digas nunca, porque todo puede terminar
pasando en esta vida.
Lo que sí sabes es que ahora no es el momento,
y por eso la vida ha impedido que suceda.

Llámalo vida, destino, o tiempo.

Y ese mismo tiempo será el que te resuelva la duda
por qué no pudo ser.
No tengas prisa, porque quizá tarde en llegar la respuesta,
pero la tendrás.

Quizá porque no es para ti, o quizá porque si sucede ahora,
va a salir mal.
Puede que no sea el momento por mucho que desees que lo sea.
No se puede forzar el tiempo,
todo está colocado donde debería.

Lo que es para ti, vuelve a ti.
Sin llamarlo, sin esperarlo...
simplemente vuelve.

Y si no vuelve, es que no es para ti.

Si no sabes lo que quieres
no lo quieres
por mucho que quieras quererlo.

Reflexiones de Luna

¿Cómo se quita el miedo a perder a alguien?

Aceptando que tarde o temprano lo vas a hacer.

Si entiendes que nada ni nadie es para siempre,
vas a aprender a valorar los momentos con las personas que quieres con mucha más fuerza,
y vas a saber vivir la vida de otra manera.

Sin miedo a perder.
Coleccionando momentos.
Diciendo lo que sientes cuando lo sientes.
Y sin perder el tiempo en tonterías.

Nunca sabes cuándo será la última vez que puedas ver o hablar con alguien.

Házselo saber cuando todavía estés a tiempo.

ME ESTÁS CURANDO
SIN DARTE CUENTA.

Amores imposibles

Creo que al menos una vez en nuestra vida viviremos
algo parecido a lo que llamamos
«amor imposible».

Ese amor que viene de golpe y sin avisar.
Pero que nunca termina de llegar.
Y se va antes de lo esperado.
Antes de que te dé tiempo a cogerlo, a sentirlo.
Te deja con las ganas de vivirlo con la misma intensidad
con la que vino.

Te pone la vida patas arriba y después se va como
si no hubiese pasado nada.
Y para ti, ha pasado todo.
Sin que pase.

Es una sensación de tenerlo todo sin ni siquiera haber
tenido la oportunidad de vivirlo.
Son mil besos que tu boca recuerda sin que
os hayáis dado ninguno.
Es imaginar el roce de su piel en la yema de tus dedos sin
haberla tocado nunca.
Es algo mágico y frustrante al mismo tiempo.

Es ese amor en el que la conexión es tan grande
que pueden pasar años sin que haya ningún
tipo de contacto ni relación,
pero en el que **os pensáis a la vez.**
Y lo sabéis.

Y solo queda dejaros en manos del destino.
Porque ni la vida ni las circunstancias permiten que esto suceda.

Y será el tiempo el que decida si sigue siendo tu amor imposible,
o el amor de tu vida.

Yo te he dejado volver tantas veces
y tú solo me has dejado irme una.

A veces pienso qué hubiese pasado

A veces voy paseando
y me imagino otra vida
siendo otra persona totalmente distinta.
Habiendo tomado otras decisiones.
Habiendo dicho que sí a tiempo.
O que no.

Habiéndome dejado llevar.
Habiéndome parado los pies.
Habiendo bailado ese baile.
Habiéndome quedado en la barra.
Habiendo dicho lo que sentía.
Habiéndome callado lo que pensaba.
Habiendo huido de donde me hacían daño.
Habiéndome quedado donde me querían.

Pero luego me doy cuenta
de que todo lo que soy
es por lo que he vivido.
Todos mis pasos han hecho el camino hasta donde estoy.
Y estoy muy orgullosa de haber aprendido la lección
que cada etapa quería enseñarme.

Continuamos.

Hay cosas
que en nuestra cabeza
parecen mucho más
de lo que son en realidad
y podemos llegar a hacernos mucho daño
por no saber diferenciarlo.

Mucha gente tiene una **idea equivocada de este concepto**. Perdonar no es dejar tu orgullo a un lado. No es dejar que «el otro gane la partida». No es que todo vuelva a la normalidad a pesar del daño.

Perdonar es apostar por tu salud mental. Es vaciar tu mente de cajas con viejos recuerdos que te causan dolor. Es dar fin para darte un nuevo comienzo. Es dejar de dedicarle tiempo a personas que no se merecen ni un minuto del tuyo.

Cuando perdonamos, liberamos la carga que llevamos a la espalda. Y parecerá paradójico, pero perdonando nos desprendemos de la persona que nos ha hecho daño. Porque ya no le debemos nada, ni siquiera nuestro enfado.

La indiferencia es el mayor castigo. Perdonar es dar un paso hacia tu salud mental.

Perdonarse

Esta tarea es más difícil que la anterior. Al fin y al cabo, somos las personas con las que más tiempo pasamos a lo largo de nuestra vida. Por lo tanto, fallaremos, nos decepcionaremos y nos haremos daño incontables veces.

Es algo que sucederá, y tenemos que estar preparados.

Es normal enfadarse con uno mismo. Cuando algo no sale como esperabas, cuando te pones un objetivo todos los días y nunca llegas a cumplirlo, cuando decepcionas a tus propias expectativas...

Lo importante es cómo te lo dices. Háblate con amor. Explícate que tienes que intentar conseguirlo la próxima vez. Que **nunca es tarde para hacerlo mejor**. Y que no pasa nada si hoy no ha salido como esperabas. No todo en esta vida depende de ti, es más, muy pocas cosas lo hacen. Y la mayoría de las que te enfadan, no.

Por eso es tan importante perdonarse. El no haber llegado o no haber querido llegar. El haberlo dado todo sin conseguirlo o el no sentirte satisfecho con lo que diste. El saber que deberías haberlo hecho mejor o el no haber querido hacerlo.

Perdónate y avanza. Ya verás como al final, tus palabras serán: «sabía que lo conseguirías».

HE INTENTADO TANTAS VECES

una despedida

QUE AL FINAL VOY A IRME

sin decir adiós

A veces no se puede

Hay veces que nos esforzamos en algo dejándonos la vida. Hacemos más intentos que en cualquier otra cosa, aun sabiendo que no hay nada seguro. Pero seguimos, seguimos, seguimos. Hasta que no podemos más.

Y es entonces cuando nos sentimos mal por no haberlo conseguido. ¡Gran error! Invertiste todas tus fuerzas en ello, diste lo mejor de ti. A veces es imposible alcanzar la meta que te has propuesto, y no pasa nada. Lo aceptamos. Y, sobre todo, nos sentimos orgullosos por haber perseverado. Porque no nos dimos por vencidos a la primera, ni a la segunda. Seguimos intentándolo hasta que llegamos a nuestro tope.

Agradécete el haber sacado fuerzas de donde no existían. El haber persistido. Agradece no haber abandonado. Porque es lo que suele hacer la mayoría cuando algo no le sale bien a la primera, y tú seguiste intentándolo.

Y quién sabe, puede que en un futuro la vida te lo ponga en bandeja. Y te diga «todo lo que luchaste, no fue en vano. Aquí tienes tu recompensa. Mejor tarde que nunca».

Tuvimos miedo

Estuvimos a nada de serlo todo
pero tuvimos miedo
de ser más nada
que todo.

No sé si jugar o ganar

Crees que la vida es lineal
y que tú eres un peón
que no cambia.
En un tablero
lleno de trampas.
Donde yo
he tenido que retroceder mil veces
a la casilla de salida
para que tú no tuvieras que perder.

Pero así,
sin quererlo,
fui yo
la que se perdió.
La que olvidó jugar.
La que acabó la partida
sin haber ganado.

Y ahora vienes tú,
tirando los dados,
pero sin mover ficha.

El tablero lleno de polvo
y a mí solo me queda una vida.

No sé si jugar
o de una vez por todas
ganar.

Reflexiones de Luna

¿Cómo curarse del amor no correspondido ?

Correspondiéndote tú.
Si alguien no te quiere por cómo eres, es que no es para ti...

No pienses qué es lo que hay mal en ti,
sino en todo lo bueno que tienes y no han conseguido ver.

Cuando tú empieces a ver todo lo bonito
que tienes dentro, el resto lo verá.

Si te oprimes, no dejas verlo.

Quiérete bien

para que puedan quererte mejor.

Nunca es tarde para darse cuenta de que ya es tarde.

Días imposibles

Hay días en los que por mucho que lo intentes no puedes avanzar. Repasas en tu mente una y otra vez todas las cosas buenas que tienes. Intentas redactar una lista para poder hacer balance y ver que las cosas bonitas superan a las feas. Pretendes evitar los pensamientos intrusivos tanto como puedas, lo que hace que no pares de pensarlos.

Hay días en los que tu mente dice basta. Grita que no puede más. Que por ciertas circunstancias, situaciones o casualidades, sientes que se te viene el mundo encima. Que no puedes con esto. Y que necesitas abandonar.

Hay días en los que no puedes parar de llorar. O peor aún, te pasas las horas reprimiendo las lágrimas que chillan desde tu mirada. Que tú mismo las ves cuando te miras al espejo, pero no las dejas salir. Y eso hace que el nudo no deje de apretar. Que cada vez haya menos aire. Que la presión sea ya inaguantable. Tanto que no deje ni siquiera salir palabras.

Esos días, son para que te abraces. Y sí, esto puede sonar muy utópico. «Cómo voy a abrazarme si siento que no hago nada bien». Claro, por eso debes hacerlo. Debes entender que no siempre sale todo bien, y que no pasa nada. Que lo intentaste, y por eso fallaste. Y que tendrás que fallar mil veces más hasta llegar a tu objetivo. Pero ahí está la clave; quien nunca falla, nunca lo consigue.

Esos días, tendrás que llorar todo lo que te apetezca. Deja que salgan los sentimientos por todas las partes de tu cuerpo. Esa sensación debe dejar de estar contigo, y solo podrá irse cuando la dejes salir.

Esos días, **acepta quién eres**. Acepta lo que has conseguido y lo que todavía te queda. Simplemente acepta la situación y háztelo entender con palabras bonitas. Eres la persona con la que hablas durante todo el día. Es agotador estar discutiendo con uno mismo.

Sí que puedes. Quizá no hoy, o mañana. Quizá no puedas hasta el mes que viene. Lo importante es que sepas que puedes. Y que, con calma, tiempo y amor, lo conseguirás.

Estuve muy perdida sin poder encontrarme,
buscándome durante horas...
hasta que entendí que necesitaba tiempo.

Sin forzar.
Sin exigir.
Solo conmigo.

Escuchándome.

Me quedo con quien
me trae paz
cuando estoy
en guerra conmigo.

Despedirse

Decir adiós es un acto de valentía,
y mucho más cuando no quieres decirlo.

Vas a tener que decir adiós muchas veces en tu vida;
algunas veces lo estarás deseando,
otras, te obligará la vida,
otras, te pillará por sorpresa,
y las peores serán en las que no tengas ocasión de hacerlo.

Un adiós puede tener muchos significados:
hasta nunca,
hasta luego,
hasta siempre.

Dependiendo de lo que te haya tocado vivir con esa persona,
tendrás que decir uno u otro, pero...
todos son necesarios.

No tengas miedo de cerrar etapas.
Puede que perder a esa persona sea la única manera
de encontrarte a ti.

A veces la muestra de amor más grande
es decir adiós.

¿Y si lo intentamos?

Cuántas veces quise mandar ese mensaje.
Anhelando algo que nunca tuve.
Queriendo probar lo que nunca pude.

Pero jamás lo hice.
Por el propio miedo a que después de todo,
no significase nada.

Hay cosas que aguantan fuertes golpes
y no se les ve ni un rasguño.
Después se te caen de la manera más tonta
y se rompen en mil pedazos.
Lo mismo pasa conmigo.

HAY MUCHAS MANOS QUE TODAVÍA

← tienes que soltar →

Y OTRAS MUCHAS

→ que agarrar ←

NO LE LLORES A NINGUNA

TÚ TE IMPULSAS CON LAS TUYAS

Casi algo

Todos tenemos un «casi algo» que
nos dejó con las ganas de serlo todo.

Ese «ojalá» que todavía esperamos que algún día se cumpla.

Ese sueño recurrente donde por fin es el momento.

Esa voz que no olvidamos.
Esas manos que nos sabemos de memoria.

Ese beso que nunca se dio,
pero se sintió como ninguno.

Ese breve capítulo
que marcó nuestra historia para siempre.

El tiempo contesta a preguntas
que en su día no quisimos hacer.

Escribir el final es el comienzo

El final de nuestra historia nunca quise escribirlo,
pero el destino me obligó a hacerlo.

Luchamos tanto, con tanta fuerza,
que nos quedamos sin ella para darnos
el amor que nos teníamos.

Al final las ganas las gastamos en reproches y no en besos.
El amor que sentíamos se nos olvidó
cuando aún estábamos a tiempo.
Y lo recordamos al final, cuando
era demasiado tarde…

Si alguna vez me preguntan por nosotros
diré que fuimos el amor más puro que jamás he visto.
Pero que no supimos qué hacer con tanto
y acabamos haciéndolo mal…

De todo esto he aprendido
a cómo no se debe querer,
y a cómo debo quererme
para poder quererte a ti.

No te pido que vuelvas
solo
que no te vayas nunca
para siempre.

Si quieres, nos salvamos

A veces la vida
te pone en situaciones
donde debes decidir
si matar o matarte.

Pero
aunque pocos lo vean,
puedes salvar a ambos.

Solo tienes que analizarlo.
Pararte a pensar
si podéis uniros contra el problema.

Aunque no sea juntos.
Pero sí de la mano.

No consigo pasar página
si no paras de hacer garabatos.

no te vayas
no sé qué quiero
no te quiero
vete
te quiero

Carta a mi «yo del pasado»

Hola. Tengo que volver a presentarme. Desde hace un tiempo, soy una persona nueva. O quizá soy yo, que todavía no me había conseguido encontrar.

Siento mucho no haberte sabido escuchar durante tanto tiempo... tuve que dejar ir a quien me gritaba cosas vacías y me impedía oírme pedir auxilio.

Te van a pasar muchas cosas, buenas y malas, y todas deberás aceptarlas y encontrar lo que la vida te está queriendo enseñar. Muchas de las lecciones ya las tienes, pero no las asimilarás hasta que no consigas verlas desde otra perspectiva. Prueba a abrir los ojos y fijarte en quién dice quererte, y quién lo hace de verdad. Sin tener que decírtelo. Estando ahí cada día.

Llegará alguien que te haga entender el verdadero significado del amor y admirará todo eso que desconocías de ti. O que no querías ver. Te dará el tiempo que necesites hasta que estés preparada. Ya no tendrás esa prisa social susurrándote en la nuca cada día.

Es imposible tenerlo todo bajo control. Relájate. No pasa nada por equivocarte. Tienes todas las oportunidades que necesites, aunque ahora mismo no las puedas ver.

Saldrá y entrará gente en tu vida para aportarte algo. No intentes retener a nadie que no quiera quedarse. No ruegues atención. Tu tiempo es oro. Inviértelo en quien de verdad se lo merece.

Lucha; nadie lo hará por ti. No van a regalarte nada. No te conformes con lo que tienes si no te hace feliz. Apunta alto. No sabes lo lejos que vas a llegar si confías en ti.

22 mensajes a mi «yo del pasado»

1. Sí que te mereces todo lo bueno que te pase.
2. Siento mucho las veces que no supe escucharte.
3. Pide ayuda.
4. No te imaginas lo alto que vas a volar. Solo confía en ti.
5. ¡Vive! No corras tanto.
6. No tengas miedo a equivocarte; un error no te define.
7. Hazlo, porque nadie lo hará por ti.
8. Déjate fluir, no quieras controlarlo todo.
9. Pase lo que pase, no te olvides de ti.
10. Demuestra lo que sientes antes de que sea tarde.
11. No es culpa tuya.
12. Tiempo al tiempo, todo pasa.
13. Aprende a soltar lo que no te hace bien.
14. Sé tú, no importa lo que digan.
15. Dolerá, pero será la decisión correcta.
16. No te pases la vida esperando.
17. Haz todo lo que te haga sentir.
18. Solo te encontrarás cuando te dediques tiempo a ti misma/o.
19. NADA es para siempre.
20. No te fíes de nadie que no demuestre lo que dice.
21. No le tengas miedo al cambio.
22. Lo hemos conseguido.

Epílogo

Si has llegado hasta aquí, espero que hayas sentido
todas y cada una de las fases como
un aprendizaje.
Como algo que todos vivimos y viviremos
a lo largo de nuestra vida.

Espero haberte acompañado y haberte ayudado
en el proceso.
Y espero que, sobre todo, te hayas acompañado tú.

Nada es permanente, excepto el cambio.
Y tú estás contigo en todos ellos.